Atlas & so viele andere

Anmerkung zum Foto auf der Titelseite

Der von der Autorin fotografierte ATLAS auf der Titelseite
dieses Buches ist an der an der Passer in Meran gelegenen
Gilfpromenade zu finden.

Er ist faszinierender Teil eines kleinen durch die Stadtgärtnerei
Meran liebevoll und kunstvoll gestalteten Ensembles von
Pflanzenfiguren.

Hier ist der original ATLAS zu finden:
Gilfpromenade und Gilfklamm liegen an der Passer-Schlucht
zwischen dem Zenoberg und Obermais
I – 39012 Meran / Italien

Kerstin F. Wolff

Atlas & so viele andere

Bibliografische Information der Deutschen Nationalbibliothek:
Die Deutsche Nationalbibliothek verzeichnet diese Publikation in der Deut-
schen Nationalbibliografie; detaillierte bibliografische Daten sind im Internet
über http://dnb.dnb.de abrufbar.

Titelseitenfoto: *Kerstin F. Wolff*
Umschlag-Layout *durch eine sehr nette junge kompetente Frau*

Kontakt:
autorin.kerstin.f.wolff@t-online.de

Die Autorin im Internet:
www.kerstin-f-wolff.jimdo.com

Von der Autorin auch erhältlich:
Mein Kartenhaus, BoD 2016, ISBN 9 783741 275104
Mein Weg zum wirklichen Ich, BoD 2016, ISBN 9 783741 279997
Fenster & Stolpersteine, BoD 2018, ISBN 9 783744 854382

Herstellung und Verlag: BoD – Books on Demand, Norderstedt

ISBN: *9 783752 868593*

Gewidmet ist dieses Buch den Menschen,

. . . die ihr ganz eigenes Päckchen zu tragen haben

. . . die aber doch nicht aufgeben wollen

Und einen besonderen Dank verdienen :

Meine so besondere Ehefrau und Partnerin -
Danke für deine Geduld, Zuversicht und dein Vertrauen !

Frauke -
Danke für die intensiven Gespräche und, dass du mir so ganz
andere, bisher ungekannte, Einblicke und Sichtweisen aufge-
zeigt und ermöglicht hast !

Karin -
Danke für deine begleitenden Gedanken, Zeilen und Worte !

Atlas & so viele andere

. . . & ein wenig auch ich . . .

. . . tragen . . . die last . . .
der welt

tragen so schwer
an der last der welt

tragen so schwer an
dem egoismus
der frechheit
der feigheit
der dummheit
der bosheit
der niedertracht

tragen so schwer
am ach-so-sorglos

Atlas & so viele andere
. . . & ein wenig auch ich . . .

. . . tragen . . . die last . . .
der menschen

Atlas,

wo sind sie geblieben ?

die, die dir diese last auferlegt haben
einfach dir ihre last aufgeladen haben

haben sie gedacht,
du wirst es schon schaffen ?
sie bräuchten sich nicht zu kümmern ?

haben sie denn gedacht,
du trägst die last & sie sind frei ?

ja, denken sie denn
deine kraft sei unermesslich ?

<u>Atlas,</u>

möchtest du sie nicht endlich ablegen
deine last
? ? ?

du hast
sie doch schon so lange getragen
du bist
doch auch so müde

ja, ich denke,
du darfst
die last jetzt abgeben
dich endlich ausruhen
von deiner so
unendlich langen und unendlich schweren
last

Atlas,

so schwer deine last

. . .

da konntest du gar nicht schritt halten
mit ihnen

doch
auf seltsame weise

da konnten sie gar nicht schritt halten
- trotz deiner last -
mit dir

Atlas,

& du weißt aber schon,
dass sie gar nicht wissen,
welche last sie dir auferlegt haben

& du weißt aber schon,
dass sie gar nicht wissen,
welche last du für sie trägst

& du weißt aber schon,
dass sie gar nicht wissen,
dass sie dir diese last auferlegt haben

& du weißt aber schon,
dass sie gar nicht ahnen oder wissen,
dass sie dir überhaupt eine last auferlegt haben

& wie sollten sie dann
dir vertrauen
- dass du diese last für sie trägst -
wollen ?

Atlas,

ich weiß, du musst
deinen weg gehen

immer weiter
- beschwerlich – mühsam -

& wenn sie dann nicht schritt halten können
dir vielleicht auch gar nicht folgen können

& wenn du sie dann zurücklässt
- beschwerlich – mühsam -

dann – sei versichert -
dann - vertraue dir -
--- & das darfst du auch ---
:
dann lag es nicht an dir

Atlas,

du ächzt & stöhnst
unter der last

ach,
sehen sie es denn nicht ?
ach,
hören sie es denn nicht ?
. . .
NEIN

& es scheint
sie legen noch weitere steine in deinen weg
sie stecken noch weitere stöckchen zwischen deine beine

ach, Atlas,

wenigstens ich
kann & mag dich
hören & auch sehen

wenigstens ich
kann & mag dich
ein klein wenig stützen

<u>Atlas,</u>

so lange schon
& immer wieder

tröstest du dich
sagst du dir
hoffst du für dich

bald schon
dort hinten
es ist nicht mehr weit

darfst du endlich diese last
ablegen & abgeben

<u>Atlas,</u>

lauf, Atlas, lauf
! ! !

lauf so schnell du irgend kannst

denn

sonst packen sie dir
noch mehr last auf

ihre last dir auf

lauf, Atlas, lauf
! ! !

Atlas,

willst du denn überhaupt noch

immer wieder deine

fürsorge
liebe
unterstützung

dein
verständnis

anbieten

. . .
nach all den jahren
nach all den zurückweisungen
deine kraft ihre last zu tragen anbieten
???

Atlas,

du willst jetzt endlich
ihnen ihre ganze last vor die füße werfen
. . .
einfach hinschmeißen
ihnen einfach laut zurufen
tragt eure last doch selber
. . .
doch
. . .
. . . eigentlich wolltest du schon gestern . . .
ihnen ihre ganze last vor die füße werfen
. . .
. . . eigentlich wolltest du schon vorgestern . . .
ihnen ihre ganze last vor die füße werfen
. . . ja . . .
. . . eigentlich wolltest du schon immer . . .
ihnen ihre ganze last vor die füße werfen

Atlas,

diese wut
dieser hass
diese hilflosigkeit
diese ohnmacht

ich kann sie nur zu gut verstehen

doch
sie helfen dir nicht

nein, du spürst es doch selber
denn nur noch viel schwerer
lassen wut & hass & hilflosigkeit & ohnmacht
deine last lasten

Atlas,

& wenn sie
- denn die last trägst ja du -
vorauseilen
davoneilen
an dir vorbeieilen

dann behalte einfach die ruhe
lass dich nicht beirren
winke ihnen einfach freundlich zu
in der gewissheit

am ende des weges müssen sie
doch sowieso auf dich warten

<u>Atlas,</u>

& während du deine last
so hin & her schleppst

da fragst du dich dann doch
so manches mal

warum DU ?
. . .
warum ICH ?

Atlas,

du ächzt & leidest & stöhnst
unter deiner last

& wenn du selber auch meinst
dein ziel ist noch so fern
dein weg ist noch so weit

dann
schau doch einmal zurück
wie weit du schon gegangen bist
&
schau doch einmal nach vorne
wie nah du deinem ziel nun schon gekommen bist

Atlas,

eine gute figur gibst du
sagen sie dir

du hast ja bärenkräfte
loben sie dich

wir stehen in deiner schuld
versichern sie dir

& sie meinen auch
wer, wenn nicht du,
könnte diese last wohl tragen

ja,
so groß ihre angst doch eigentlich nur
dass auch sie einmal etwas last tragen müssten

<u>Atlas,</u>

unter deiner last
auf deinem langen weg

sehe ich da ein lächeln ?

ein lächeln, das mir zeigt
dass du weißt dass DU
- mit ein wenig geduld & hoffnung -
diese deine last tragen kannst
?

Atlas,

höre ich da ein lied, das du summst ?
sehe ich da bilder in deinem kopf ?

hast du tatsächlich pläne für die zeit
wenn dir deine last erst einmal genommen sein wird ?

ja, & nun
habe ich wirklich hoffnung für dich
denn
:
wenn du so sehr kreativ sein kannst
da werden angst & sorge
dich doch gar nicht bezwingen können

Atlas,

alter freund, lieber freund,

komm, lass' dir helfen,
komm, lass' mich helfen,

gib ein wenig last
von deinen schultern auf meine schultern
lass' deine last auch meine last sein

lass meine leichtigkeit auch deine leichtigkeit werden

Atlas,

nie wieder
. . .
willst du
schwörst du
beteuerst du
. . .
noch einmal solch eine last tragen

nie wieder
. . .
hoffst du

Atlas,

hast du denn das
was Woody & Bob & Joan & John & all die anderen
uns zu lehren versuchten
so missverstanden

wir wollten ihre träume doch für immer hochhalten
sie niemals wieder aus den augen verlieren

auch du wolltest immer eigenständig sein
dich nicht vereinnahmen lassen
dich nicht verbiegen lassen

& wie konnte es dann passieren
das du dir diese last
hast aufbürden lassen
. . .
einfach so

Atlas,

Atlas - Vater . . .

ich schaue zurück in die zeit
als du in meinem alter warst

ich erinnere mich an dich
& wie du deine last tragen musstest

& ich wundere mich
& wie kann es nur sein

dass die last die ich jetzt trage
deiner last von damals so ähnlich scheint

Atlas,

du hast sie doch
du kannst sie doch auch sehen

die wenigen

die dich begleiten
die versuchen, dich zu leiten
die deine seele stützen

Atlas,

du hast sie doch
- sei gewiss -
an deiner seite
! ! !

Atlas,

du hörst sie lachen
&
du siehst sie tanzen

doch . . .

hören sie denn gar nicht
- deine hilferufe ?

sehen sie denn gar nicht
- deine kräfte schwinden ?

Atlas,

hey,
alter freund & geselle

weißt du denn nicht
warum du die last tragen musst ?

es ist ganz einfach . . . ahnst du es nicht ?

weil du es kannst
weil du die last zu schultern weißt
weil du die kraft hast
weil du so duldsam und tapfer bist

& weil all' die anderen
einfach viel zu schwach
& einfach nicht dazu in der lage sind

Atlas,

ein rauschendes fest

das werden sie dir doch wohl bereiten !

denn danach sehnst du dich !
darauf freust du dich !
darauf hoffst du

ein rauschendes fest
deine entbehrungen zu würdigen

aber

. . .

- das werden sie dir doch wohl bereiten -

. . .

bist du dir da wirklich sicher ?

Atlas,

sie waren deine vertrauten
sie waren deine freunde

. . .

als sie dich beluden

. . .

am anfang des weges

doch jetzt
wo sich der weg – dein weg
seinem ziel nähert

wer sind jetzt deine vertrauten
wer sind jetzt dein freunde

? ? ?

Atlas,

& du schüttelst den kopf
kannst es nicht wirklich glauben

denn wenn sie dich doch nur
ein wenig hegen & pflegen
ein wenig achten
würden – könnten - wollten

wie leicht wäre es dir dann wohl
diese last auch weiter zu tragen

? ? ?
! ! !

<u>Atlas,</u>

warmt scheint die sonne auf dein gesicht

die vögel zwitschern ihre gesänge

....

& du fühlst & spürst
deine seele in sicherheit

an diesem ort
zu dem nur du allein zutritt hast

wo deine seele schutzt finden darf

....

warm scheint die sonne auf dein gesicht
&
die vögel zwitschern ihre gesänge
&
du bist tief in dir selber geborgen

Atlas,

du weißt -
sie reden über dich !

. . . wenn du nicht bei ihnen bist
. . . wenn sie alleine sind
. . . ohne dich & ungestört sind

doch du fragst dich
ob sie denn auch
. . .
an dich denken ?

<u>Atlas,</u>

so vieles merken sie nicht

doch eines, das merken sie
das spüren sie wohl doch

dass du ihnen,
langsam,
stück für stück,
schritt für schritt

verloren gehst
&
sie dich schon gar nicht mehr wirklich kennen

Atlas,

so manches mal
wolltest du dich aufgeben

so manches mal
wollte dich die last beinahe erdrücken

doch dann
. . .
bist du einfach weiter gegangen
erst einen schritt
dann noch einen
& noch einen
& noch einen
& noch einen
& noch einen
& noch einen
. . .
. . .
. . .

Atlas,

DU
kannst die last ermessen

DU
kannst das ziel erkennen

DU
kannst das tempo einschätzen

DU
kannst die gefahren umgehen

DU, ja DU
erweist dich doch als rettung

& warum vertrauen sie dir dann nicht ?

Atlas,

sie sehen nach dir . . .
sie fragen dich . . .

doch . . .

wenn du dann
klagst
berichtest
träumst
hoffst

ach, dann wollen sie es doch gar nicht
sehen – hören
wissen

Atlas,

weiter, schritt für schritt
& du bist so unendlich müde

weiter, schritt für schritt
& du bist noch immer nicht am ziel

weiter, schritt für schritt
& niemand mag dich stützen

weiter, schritt für schritt
& so schwer deine last

weiter, schritt für schritt
& so einsam dein weg

schritt für schritt
die gewissheit, dass alleine du
die last diesen weg tragen kannst & musst

Atlas,

ach, Atlas,

du fragst dich
wie sie denn wohl auf dich achten sollten

wo sie

doch wohl einfach nicht einmal
auf sich selber achten können

Atlas,

& während du
mühsam
duldsam

deinen weg
- den besten weg für alle -
suchst

scheinen sie noch immer zu denken
dass du ihre launen & macken

unendlich lange noch
ertragen magst

Atlas,

ist dein rücken auch gebeugt

so leuchten doch deine augen
brennt noch immer dein herz
für das was wirklich in dir steckt

worauf du hoffst
&
worauf du baust

<u>Atlas,</u>

& wenn sie dir etwas
sagen, zurufen

& wenn sie dich
ansehen

dann erkennst du immer wieder aufs neue

DU

ja,
DU musst - DU kannst – DU willst

Atlas,

merkst du denn nicht
. . .
DU
hast den hut auf

& auch wenn
dir der hut
manchmal vom kopf geweht wird vom gegenwind

& auch wenn
dir der hut
manchmal vom kopf geschlagen wird von so manchem

so bleibt es doch dabei
. . .
DU
hast den hut auf

Atlas,

sie haben dir die last übertragen
& du überlegst

wenn die last erst
von dir genommen ist
:
wird es jemals wieder
wie früher sein können

das gemeinsam
tanzen
lachen
fröhlich sein

? ? ?

Atlas,

noch ein ganzes stück
gilt es zu gehen
gilt es durchzuhalten

doch schon jetzt
ahnst du
die erleichterung

sie nicht mehr ertragen zu müssen

<u>Atlas,</u>

kein wunder
dass sie dich

NICHT

stöhnen & schleppen
hören & sehen

denn du bist wohl anscheinend

auf einem ganz anderen
PLANETEN

in einem ganz anderen
UNIVERSUM

unterwegs
als sie ?

Atlas,

so blind . . .

so taub . . .

. . .

. . . ist wer ?

Atlas,

verstehen sie denn nicht
? ? ?
dass einmal der zeitpunkt
kommen muss

wo für dich
wo für sie

das ziel der strapazen
der sinn der anstrengung

sichtbar werden muss
? ? ?

Atlas,

du hast ihnen nicht vermitteln können
welche last du für sie trägst

nein, ganz im gegenteil,
sie werden wohl glauben, dass
sie
die ganze last tragen

ja,
das werden sie wohl glauben
. . .

<u>Atlas,</u>

& wenn du sie bittest

die last von deinen schultern zu nehmen

dann bist nicht du egoistisch

sondern sind wohl eher sie egoistisch

wenn sie dich nicht endlich
befreien mögen

Atlas,

du NARR
du GUTE SEELE

- selber noch bepackt -

sorgst dich um sie
dass sie stolpern könnten
wenn auch sie einmal
ein kleines päckchen tragen müssen

- denn -
du NARR
du GUTE SEELE

haben sie sich denn jemals gesorgt
- um dich -
? ? ?

Atlas,

du erinnerst dich noch,
wie ihr zusammen

gesungen
getanzt
gelacht
geträumt habt

wie ihr zusammen
die welt
verändern & verbessern wolltet

ja, wolltet
ja, zusammen
. . .

<u>Atlas,</u>

wie soll auf deinem weg mit deiner last

ein lied
ein gemälde
etwas schönes
. . .
entstehen

wenn sie dir
deine stimme - deine farben - deine lebensfreude
. . .
einfach nehmen
?

Atlas,

ist das dein alptraum . . .

. . . unter deiner last
. . . versinkst du im boden

- & zurück bleibt nur die last -

oder . . .

. . . müsste es nicht eher ihr alptraum sein

? ? ?

Atlas,

ich schaue dich an
dich mit deiner last

doch,
tief versteckt in deinen augen & deinem herzen

sehe ich dort freude & erleichterung ?

oder

sehe ich dort deine trauer ?
. . .
über das, was zerbrochen ist
unter deiner last auf deinem weg

Atlas,

voller demut
trägst du schon so lange
was andere
auf deine schultern gelegt haben

ja, voller demut, doch
. . .
wie lange denn noch ?
wie weit denn noch ?
noch immer du ?
wozu denn überhaupt ?

Atlas,

ich weiß !
in manchen momenten

werden dir die knie weich
wird dir ein wenig schwummerig
wird dir bang ums herz

doch hoffentlich wohl nicht
wegen deiner last
? ? ?
nein, wohl eher schon
. . .
wegen deines mutes
! ! !

Atlas,

die, die dich sehen
die, die dich hören
- wollen & können -

sie werden teil
deines weges & lebens werden
&
du wirst teil
ihres weges & lebens werden

&
von nun an
werdet ihr euch immer nah sein

Atlas,

manche meinen,
dass du großes vollbringst

doch nein,
denkst du so bei dir
. . .
es wird wohl nur
mein schatten sein

der mich
- im licht der sonne -
ein wenig größer erscheinen lässt

Atlas,

schau -
schau bloß einmal -

während du
mühsam & duldsam
immer weiter deinen weg gingst
. . .

ist dir doch tatsächlich
ein hut gewachsen

hast nun du
- der Atlas -
den hut auf

Atlas,

wirst du

wenn du
die last abgelegt haben wirst

erleichterung spüren ?

wird
dein herz dann leicht sein ?
deine seele leicht sein können ?

vielleicht solltest du aber nicht zweifeln
vielleicht solltest du dir einfach vertrauen

Atlas,

du betrüger
du scharlatan
du witzbold
du schwindler
. . .
du schelm -

Atlas,

du bist ja gar kein Atlas !

in wahrheit bist du ja wohl ein

HERKULES

Atlas,

sag, weißt du es vielleicht,

wo die gescheiterten bleiben
die, die es nicht geschafft haben mit ihrer last

sag, weißt du es vielleicht,
müssen sie in einer Atlas-hölle schmoren
. . .
oder gibt es einen Atlas-himmel für alle
die es immerhin versucht haben
mit ihrer last

Atlas,

hast du eigentlich schon einmal daran gedacht
. . .
dass du es vielleicht gar nicht schaffen könntest
. . .
trotz deiner zuversicht
trotz deines mutes
trotz deiner hoffnung
trotz deiner demut
trotz deiner anstrengungen
. . .
hast du eigentlich schon einmal daran gedacht
dass du es einfach nicht schaffen konntest

Atlas,

sie prügeln auf dich ein
so heftig und unerbittlich

sie schreien auf dich ein
dass du selber schuld daran bist
dass es doch nur an dir liegt

sie prügeln so sehr auf dich ein
dass du blutest
dass deine seele weint

ach,
wirst du jemals wieder gesunden ?

Atlas,

& wenn du einmal
innehältst
nachfragst
anfragst

warum so weit
warum so lange
warum ich
warum ich alleine
?

dann bist du nicht
egoistisch
rücksichtslos

dann bist nicht du
die bedrohung

Atlas,

sie sehen dich nicht

dich nicht
&
auch nicht deine last

& sie hören dich auch nicht,
deine rufe erreichen sie nicht

aber das ist doch auch kein wunder

so unsichtbar
wie du bist

- für sie -

Atlas,

hast du dir schon einmal überlegt
was denn wohl wäre

wenn
deine guten gedanken
deine guten gefühle

verbraucht wären
?

Atlas,

ach, Atlas,

& du hörst, was sie so erzählen
& du weißt, was sie verschweigen
& du merkst, wie sie die wahrheit verdrehen

& du möchtest erklären
& du möchtest richtig stellen

- doch niemand hört dich -
- niemand will dich hören -

& du erkennst wieder einmal
wie hilflos du bist
wie alleine du bist

Atlas,

& du bist dir nicht sicher
& du zweifelst
& du fürchtest

wie viel denn noch übrig bleiben mag von
deinem
wohlwollen
respekt
deiner
zuneigung
sorge & fürsorge
für sie

wenn der weg zu ende gegangen
wenn das ziel endlich erreicht
ist

<u>Atlas,</u>

du ahnst es
du fühlst es
du weißt es
doch eigentlich

du gehst ihnen
. . .
verloren
verloren
verloren
verloren
verloren
verloren
verloren
verloren

Atlas,

bist du wirklich so vergesslich
- wie manche meinen -

ja, meinen sie denn vielleicht sogar auch
. . .
du wirst wirklich vergessen können
. . .
deine not
deine schwäche

Atlas,

bist du vielleicht . . .
. . . zu feige

bist du vielleicht . . .
. . . zu anständig

oder
warum sagst du ihnen nicht einfach

dass du leidest
wegen IHNEN leidest

dass deine kraft verbraucht ist
deine kraft wegen IHNEN verbraucht ist

<u>Atlas,</u>

wie leicht wäre deine last
auf den schultern

wenn nicht auch noch diese
last auf deiner seele
läge

<u>Atlas,</u>

hast du vielleicht
zu wenig
erklärt – gefragt – berichtet
eingeladen -

hast du vielleicht
zu wenig
gebettelt – gefleht -

Atlas,

abwärts . . .
immer weiter abwärts
drückt nicht die last
DICH

abwärts . . .
immer weiter abwärts
sinken in deiner achtung
SIE

Atlas,

& je weiter
dein weg dich führt

desto mehr
lernst du über die menschen

lernst du über die,
die dir nahe
sind . . .
. . .oder . . .
. . . waren

Atlas,

ja ja,

du siehst sie winken
&
du hörst sie rufen

Atlas !
hier ist doch auch noch eine kleine last !
- willst du nicht ? – kannst du nicht ? -

aber -
da denkst du dir jetzt einfach einmal

NEIN DANKE !

Atlas,

du hältst ausschau
nicht wahr ?

nach einem licht
nach einem lichtblick
einem hoffnungsschimmer

der deiner seele
wieder mut gibt
der deine arme
wieder stark macht
der deinen schultern
wieder kraft verleiht

Atlas,

wie solltest du
wie könntest du

täler & flüsse überwinden
weiten & berge bezwingen
auf deinem weg

wie denn nur
großes vollbringen
in deinem leben

wenn du doch
nur so unendlich langsam & mühsam vorankommst
so sehr ächzt unter deiner last

Atlas,

du weißt es !
- doch scheinbar nur du -
:
die schlechteste aller lösungen wäre

dass du aufgeben
könntest
würdest
müsstest